Las aves y sus picos

por M.C. Hall

Scott Foresman
is an imprint of

Glenview, Illinois • Boston, Massachusetts • Chandler, Arizona
Upper Saddle River, New Jersey

ISBN 13: 978-0-328-53533-0
ISBN 10:   0-328-53533-8

¿Has visto alguna vez un petirrojo tratando de atrapar una lombriz, retorciéndose? El pájaro tira y tira hasta que logra sacar la lombriz de la tierra.

Así es cómo el petirrojo consigue su comida. No tiene manos ni dedos como tú. No tiene patas como una ardilla o como muchos otros animales. Un petirrojo tiene un **pico**. Como todas las aves, el petirrojo usa su pico como una herramienta para alimentarse.

Echemos un vistazo más detallado a las aves y a todo lo que hacen con sus asombrosos picos.

¿Alguna vez te preguntaste de qué está hecho el pico de un ave? Aunque no lo creas, el pico de un ave tiene algo en común con tus uñas y con los cascos de un caballo. Los tres están hechos de un **material** llamado queratina. La queratina es una envoltura dura, que en realidad es una capa especial de piel.

El pico de un ave es como tu boca. Tú usas la boca para comer, hablar y cantar. Un ave usa su pico del mismo modo. Lo abre para tragar comida y hacer sonidos o cantar.

Los picos, las uñas y los cascos de los caballos están hechos de queratina.

Un ave no tiene dientes como tú. Eso significa que las aves no mastican su comida. En lugar de dientes, el pico de un ave tiene una arista pequeña y afilada a lo largo de los bordes. Las aristas ayudan al ave a aferrarse a cosas con su pico.

¿Sabías que el pico es, además, su nariz? La mayoría de las aves tienen aberturas en sus picos llamadas fosas nasales. Las aves usan sus fosas nasales para respirar y sentir olores, como tú.

Las fosas nasales de un ave están en la parte de arriba de su pico, en el extremo cercano a la cabeza.

fosas nasales

Las aves tienen picos de todas las formas y tamaños y pueden hacer todo tipo de cosas con ellos. Muchas aves los usan para levantar y llevar materiales para hacer sus nidos, como **ramitas** y hojas de pasto. Luego, los usan otra vez como herramientas para construir nidos.

También los usan para mantenerse limpias. Buscan entre sus plumas con sus picos para encontrar y quitar suciedad y pequeños insectos. También usan sus picos para alisar sus plumas. Mantenerse limpias las ayuda a volar.

Una manera de mantenerse sana es limpiando sus plumas.

Lo más importante que un ave hace con su pico es alimentarse. De hecho, el tamaño y la forma del pico puede decir mucho sobre lo que come. Los picos se han adaptado, o cambiado, a lo largo de millones de años. Sigue leyendo para averiguar cómo los picos de las aves están diseñados especialmente para el tipo de alimento que comen.

¿Sabes a qué aves pertenecen estos picos?

¡Pío! ¡Pío! ¡Pío! Un comedero para aves puede ser un lugar ajetreado y ruidoso. Muchas aves comen las semillas de plantas, como girasoles, que la gente pone en los comederos. Sin embargo, las semillas tienen cáscaras duras que protegen el interior de la misma. Antes de que un ave pueda comer una semilla, deberá eliminar esa cáscara.

Ésa es la razón por la cual las aves que comen semillas tienen picos cortos, gruesos y duros. Sus picos tienen una hendidura dentro. El ave agarra la semilla y la pone en la hendidura. Luego, usa su pico para romper la cáscara. Después, saca la semilla con su lengua y escupe la cáscara. Los cardenales, los gorriones y otras aves de la familia de los pinzones son aves que comen semillas.

Algunas aves usan sus patas para sostener una semilla mientras rompen la cáscara.

¡Taca, taca! ¡Taca, taca! Un pájaro carpintero golpea su pico duro y afilado contra el tronco de un árbol. Luego sigue golpeando una y otra vez. ¿Qué está haciendo el pájaro carpintero?

Busca insectos que viven bajo la corteza. El pájaro carpintero usa su pico como un taladro para hacer un agujero en el árbol. Una vez que el agujero es lo suficientemente grande, el pájaro carpintero mete la lengua para atrapar insectos.

Algunos pájaros carpinteros usan los agujeros que taladran para almacenar bellotas y otros frutos secos que se comerán después.

La cabeza de un pájaro carpintero es muy fuerte. Esto evita que el ave se lastime cuando golpea su pico contra cosas.

Las alas de este colibrí se mueven muy rápido, incluso mientras come.

¡Bzzzzzzzz! Ese zumbido no es el de una abeja. Es el sonido del aleteo de un colibrí. ¿Sabes por qué esta pequeña ave tiene un pico tan largo y delgado? Es porque el alimento preferido del colibrí es el néctar, un líquido que se halla dentro de las flores. El pico del colibrí es hueco, como un popote. El colibrí mete su largo pico en el centro de una flor. Luego chupa el néctar.

El néctar no es lo único que come el colibrí. Estas aves pueden abrir sus picos como pinzas para atrapar y comer insectos diminutos.

¡Zoom! Un águila pasa planeando por el cielo. Lleva un pez en sus patas que son como tenazas. Tal vez lo lleva a su nido, parecido a una **plataforma**, para alimentar a sus polluelos.

Las águilas, los halcones y los búhos son aves **cazadoras**. Atrapan y comen animales como peces, ratones, serpientes y conejos. Todas estas aves cazadoras tienen picos muy afilados y con forma de gancho. Usan sus picos para desgarrar carne en pedazos lo suficientemente pequeños como para poder tragárselos.

El águila es un ave cazadora. ¿Puedes ver su pico en forma de gancho?

¡Splash! Un cisne levanta agua con su pico largo. ¿Qué está haciendo esta ave? El cisne no está simplemente bebiendo. Está comiendo. Los cisnes y muchas otras aves acuáticas comen plantas y animales diminutos que viven en el agua. Tienen picos especiales con aristas que funcionan como un cepillo. Las aristas atrapan la comida y dejan que el agua se cuele. Luego el ave traga la comida.

Algunos patos y otras aves acuáticas comen caracoles y otros animales que viven en el fondo de estanques y lagos. Estas aves se zambullen para atrapar su comida entre **toneladas** de barro y **baba** de las plantas acuáticas. Sus picos cuelan lo que no quieren comer.

El cisne tiene un pico que cuela el agua de su alimento.

¡Plop! Una gran rana salta al agua. Una garza hambrienta aguarda en el agua cercana poco profunda, esperando su comida. La cabeza de la garza se mueve hacia delante rápidamente y atrapa la rana con su pico.

El pico de la garza es largo, recto y puntiagudo como un arpón. Es la herramienta perfecta para atrapar o atravesar peces y ranas.

Las garzas cazan su comida en aguas poco profundas.

Ahora pensemos en el petirrojo otra vez. ¿Tiene un pico hecho especialmente para comer lombrices? En realidad, no. Los petirrojos y muchas otras aves tienen picos que son apropiados para hallar y comer muchos tipos de alimentos. Un petirrojo come lombrices, insectos, frutas y bayas. El pico de un petirrojo es adecuado para comer todas esas cosas.

Glosario

baba *s. f.* Material pegajoso y húmedo.

cazadoras *adj.* Que persiguen y atrapan otros animales para alimentarse.

material *s. m.* De lo que algo está hecho.

pico *s. m.* Parte dura en la boca del cuerpo de un ave.

plataforma *s. f.* Superficie plana y elevada.

ramitas *s. f.* Palitos pequeños de árboles o arbustos.

toneladas *s. f.* Medidas de peso. Una tonelada equivale a 2,000 libras.